Fiorina
und der Steinbock

Die Geschichte einer jungen Gämse

Bibliografische Information der Deutschen Bibliothek
Die Deutsche Bibliothek verzeichnet diese Publikation in der
Deutschen Nationalbibliografie; detaillierte bibliografische Daten
sind im Internet über http://dnb.ddb.de abrufbar.

Vera Schneemann
Fiorina und der Steinbock
Die Geschichte einer jungen Gämse

Berlin: Pro BUSINESS 2008

ISBN 978-3-86805-058-5

1. Auflage 2008

© 2008 by Pro BUSINESS GmbH
Schwedenstraße 14, 13357 Berlin
Alle Rechte vorbehalten.
Produktion und Herstellung: Pro BUSINESS GmbH
Gedruckt auf alterungsbeständigem Papier
Printed in Germany

www.book-on-demand.de

Für meine Enkelinnen

Isabelle und Magali

Vor vier Jahren hatte es an der *Grünen Spitze* einen fürchterlichen Steinschlag gegeben. Eine verletzte Gämse wurde von einem Bergsteiger gerettet und in einen schönen Naturpark gebracht. Dort kam ihr Gämsenkind Fiorina zur Welt.

Jeden Tag schaute Fiorina auf den grossen *Weissen Berg*, der in der Sonne glänzte,

wenn ihre kleine Welt noch im Schatten lag, und der abends, wenn es im Tierpark schon dunkel wurde, noch lange majestätisch im Abendrot leuchtete. Neben ihm ragten viele andere Berge wie spitze Türme in den Himmel, die *Grüne Spitze* aber war die Schönste von allen.

Die Mama hatte vor ihrem Unfall in jener Gegend die Gämsenherde angeführt und erzählte immer wieder, wie schön und aufregend es dort gewesen sei, aber auch gefährlich.
Manchmal seufzte sie und sagte zu Fiorina : „Du bist hier nicht am richtigen Platz!"

Es war ganz nett im Gehege, und es drohten keine Gefahren. Die Gämsen lebten friedlich zusammen mit Steinböcken und ein paar Widdern. Es gab auch Hirsche und Rehe und Murmeltiere. Sie alle hatten bestimmte Plätze und konnten über die Wiesenhänge und durch den Wald rennen - aber irgendwann stiess man immer an einen Zaun.
Fiorina kannte nichts anderes und spielte die ersten Jahre vergnügt mit den anderen Gämsenkindern. Nur die Mama wurde jedes Mal traurig, wenn sie an diese Grenzen dachte. Es bedrückte sie, dass sie ihrem Gämsenkind nichts beibringen konnte, um eine richtige Gämse zu werden, die im Hochgebirge in Freiheit lebte und vielleicht eines Tages, wenn sie genug gelernt und erfahren hätte, Führerin einer Herde werden könnte, so wie sie es einst gewesen war. Sie sah sich selbst, wenn sie ihrer Fiorina zuschaute, wie sie elegant und leicht in einem Satz von einem Felsbrocken zum andern sprang. So war auch sie gesprungen, bevor der Steinschlag sie verletzt hatte. Sie musste ihrem einzigen Kind helfen, rechtzeitig aus dem Gehege zu fliehen. Wie viele Gedanken hatte sie sich dazu schon gemacht und sich auf den Tag der Trennung vorbereitet, sobald der richtige Zeitpunkt dafür gekommen sein würde.

Und der Tag kam, an dem auch Fiorina ganz tief in sich spürte, dass sie hier im Tierpark nicht am richtigen Platz war. Sie stand jetzt oft ganz lange und fast regungs-

los auf dem grössten Steinklotz in der Spielwiese und starrte gebannt auf die felsigen Spitzen neben dem grossen *Weissen Berg*. Dabei ging ein leises Zittern durch ihren Körper. Der Drang, die Bergwelt kennen zu lernen, wurde mit jedem Tag grösser. Sie musste fort, weil sie sonst nie eine richtige Gämse werden könnte.
Die Mama beobachtete schon seit einiger Zeit die Veränderung in ihrem Gämsenkind. Eine Mutter spürt, wann der richtige Zeitpunkt für die Trennung gekommen ist.
Jetzt war er da!

Es war Ende Mai. Fiorina hatte einen ganzen Sommer vor sich und den Herbst, um genug zu lernen für den harten Winter. Bis dahin musste sie den richtigen Platz gefunden haben.
Sie würde es schaffen, wenn sie jetzt ginge. Jetzt!

Jeden Tag während der Mittagszeit verschwand die Mama unbemerkt ins oberste Waldstück. Dort oben lagen viele Äste vor dem Zaun aufgeschichtet. Sollten die vielleicht ein Loch verdecken? Tag für Tag machte sie sich an die Arbeit, wenn die anderen Tiere in der Mittagssonne vor sich hin dösten und zog einen Ast nach dem anderen von dem grossen Haufen. Oft waren sie ineinander verhakt und nichts ging. Aber sie gab den Mut nicht auf. Jeden Tag schlief sie ein mit dem Gedanken: Morgen werde ich es schaffen und ein Stück weitergekommen sein, und wenn Vollmond ist, bin ich fertig. Und so war es.
Fiorina hatte nichts bemerkt von all den Vorbereitungen, und auch nicht, dass die Mama oft todmüde war. Sie hatte nur noch Augen für die Berge auf der anderen

Talseite. Wie hypnotisiert schaute sie zur *Grünen Spitze*, sie musste dahin - um jeden Preis! Die Sehnsucht wurde mit jedem Tag grösser, ihr Herz klopfte aufgeregt, und im Bauch hatte sie ein komisches Gefühl, als ob Schmetterlinge darin herumflattern würden. Sie konnte auch fast nichts mehr essen. Dabei war sie so hungrig, aber nicht nach Gras und Kräutern - sie war hungrig nach dem Leben hoch oben auf den richtigen Bergen. Im Magen war ihr flau, im Kopf schwindlig, und vor ihren Augen tanzten manchmal schwarze Punkte wie Fliegen.

„Fiorina, mein liebes Kind", sprach die Mama nach der ersten Vollmondnacht, „hör' mir jetzt gut zu", und stieg zu ihr auf den grossen Felsbrocken.
„Ich beobachte dich schon eine ganze Weile und weiss, wie dir zumute ist. Die letzten Tage habe ich ein Schlupfloch im obersten Zaun freigemacht. Wenn die Sonne senkrecht am Himmel

steht und alle Tiere ihr Mittagsschläfchen halten, steigen wir zusammen dort hinauf, und du kannst dem Gefängnis hier entkommen. Pass' jetzt gut auf, ich erkläre dir, wohin du laufen und worauf du achten musst, um auf dem schnellsten Weg zur *Grünen Spitze* zu gelangen." Fiorina konnte es kaum glauben und machte viele Freudensprünge. „Schone deine Kräfte, Fiorina, du wirst sie von heute an anders als bisher einsetzen müssen. Ab jetzt geht es jeden Tag um Leben oder Tod. Das ist der Preis für die Freiheit." Nun wurde Fiorina doch etwas bang, und als sie mit der Mama zum Fluchtpunkt aufstieg, war sie gar nicht mehr so sicher, ob sie wirklich fort wollte. Aber die Mama liess sich und ihrem Kind nicht viel Zeit für Überlegungen oder für Abschiedstränen.

Über alles Wichtige hatte sie Fiorina unterrichtet. Nun schubste sie ihr Kind durch das Loch: „Alles Glück dieser Welt! Ich weiss, du wirst es schaffen, und in deinem Herzen bin ich immer bei dir!"
Und so befand sich Fiorina, noch ehe sie sich dessen ganz bewusst geworden war, alleine in der freien Welt und rannte und rannte nach Norden und immer höher hinauf, ganz so, wie es ihr die Mama geheissen hatte.
Sie stieg erst hoch zu den Kleinen Spitzen und wieder hinunter über Geröllhalden,

sprang über Steine und Bäche, und als die Sonne unterging, hatte sie einen sicheren Platz unter einem Felsen gefunden.

Jetzt erst labte sie sich an den feinen Kräutern auf der Alm vor ihrem ersten Schlafplatz in der Freiheit. Am nächsten Tag wollte sie sich bis ins Tal hinunter wagen, dort den Fluss überqueren und rasch im Wald verschwinden. Dann, so hatte ihr die Mama erklärt, brauchte sie nur so lange hinaufzuklettern, bis es keine Bäume mehr gab. Dann würde sie die *Grüne Spitze* über sich sehen und am richtigen Platz sein.

Todmüde schlief Fiorina ein. Als der *Weisse Berg* am nächsten Morgen als erster in der aufgehenden Sonne glitzerte, stieg Fiorina hinab ins Tal. Da war es noch fast dunkel. Trotzdem waren schon einige Bergsteiger unterwegs, vielleicht waren es auch Jäger? Fiorina war immer menschenscheu geblieben, hatte sich nie an die Besucher im Tierpark gewöhnen können und war stets vor ihnen davon gerannt. Und jetzt, wo sie die kleine Brücke über den reissenden Gebirgsfluss zur anderen Seite des Tales überqueren sollte, kam ihr ein ganzer Trupp entgegen. Fiorina floh so schnell sie konnte in den Wald und wieder bergauf, weg vom rauschenden Wasser und immer höher in den zum Fluss abfallenden Hang hinein. Der schmale Pfad hörte plötzlich auf, Baumstämme lagen quer und versperrten das Weitergehen. Der weiche Waldboden wurde immer lockerer. Plötzlich spreizten sich ihre Hinterbeine wie von selbst und sanken in eine tiefe Schicht voller Tannennadeln. Sie versuchte die Füsse herauszuziehen, aber da fing die Erde unter ihr an zu rutschen. Zum ersten Mal hatte sie Angst und wusste nicht, was tun. Sie schaute zwischen ihren Beinen hindurch nach unten. Sie sah die kantigen Felsbrocken im reissenden, eisigen, graugrünen Gletscherwasser. Das strömte durch das ganze Tal, und noch viel weiter und bergab und schliesslich in einen grossen See. So hatte man es ihr erzählt. Und in diesen See würde sie erbarmungslos getrieben, wenn sie weiter abrutschte, sich den Kopf aufschlüge an den gewaltigen Steinen und bewusstlos ins Wasser fiele. Sie war wie gelähmt vor Angst und Schrecken. Was sollte sie bloss tun? Das Herz klopfte ihr bis zum Hals.

„Mama hilf' mir", stiess sie verzweifelt hervor und hob den Kopf. Und was sah sie da?

Ein wunderschöner Steinbock schritt ruhig daher, etwa 30 Meter über ihr. Kaum hatte sie ihn erblickt, da war er auch schon vorbei und verschwunden. Nun wusste Fiorina, dass dort oben sicheres Gelände war. Warum war sie nicht selbst auf die Idee gekommen, nach oben zu springen? Sie hatte nach unten gesehen und Angst bekommen, und wenn man Angst hat, kann man nicht mehr richtig denken. Das hatte ihr die Mama immer gesagt. Und sie hatte auch recht gehabt: Man kann keine richtige Gämse werden vom Hörensagen, dazu muss man alles in der Wirklichkeit selber erleben.

Fiorina nahm ihre ganze Kraft

zusammen, zog ihre Beine mit einem Ruck aus dem Nadelboden und stiess ihren Körper mit Wucht nach oben. In ein paar Sätzen war Fiorina auf einem breiten Weg, schaute nach vorn und nach hinten - kein Steinbock weit und breit. Hatte sie etwa geträumt? Doch sie war erleichtert, glücklich und dankbar, sie war nicht mehr in Gefahr.

Und so lief sie tapfer weiter und weiter, und erst am Abend merkte sie, dass sie das Tal gar nicht überquert hatte. Sie war an kleine Seen gekommen, die von Gletschern übriggeblieben waren. Die Hänge fielen rot zum Tal hinunter, rundherum blühten Alpenrosen. In dieser Herrlichkeit stand Fiorina ganz allein und konnte sich nicht satt sehen. Die Sonne ging langsam unter. Der Himmel wurde rosa, einzig der *Weisse Berg* war immer noch beleuchtet, glänzte und glitzerte. Von hier aus konnte Fiorina das *Eismeer* sehen. Noch nie zuvor hatte sie es gesehen, doch die Mama hatte ihr davon erzählt und jetzt hatte sie es sofort erkannt. Wie wunderschön war das alles und wie still und wie feierlich. Inmitten dieser Pracht überkam sie plötzlich eine grosse Wehmut. Sie war müde, erschöpft und überwältigt - und die Mama fehlte ihr. Wenn sie doch bloss hätte sehen können, wie ihre Fiorina alle Gefahren

gemeistert hatte und wie weit sie schon gekommen war. Wie stolz wäre sie gewesen! Und plötzlich musste Fiorina weinen. Sie weinte so sehr, dass zwei Bächlein aus ihren Augen flossen. Da hörte sie eine gütige Stimme: „Was weinst du so, was fehlt dir?" Und wie sie in ihrem Jammer aufblickte, stand ein grosser, wunderschöner Steinbock neben ihr. Sie hatte sein Kommen nicht gehört. Sie kannte ihn nicht und wusste trotzdem sofort, wer er war. Das war ganz sonderbar. Sie schaute ihn an, und mit einem letzten Schluchzer im Hals stiess sie hervor:

„Ich glaube, ich habe dich schon gesehen. Wie heisst du?" „Kann sein, dass du mich schon gesehen hast," sagte er, „ ich heisse Emilio, aber meine Freunde nennen mich Mimmo. Auch du kannst mich so nennen." Du gütiger Himmel, schoss es Fiorina durch den Kopf, das also ist der berühmte Mimmo! Die Mama hatte oft mit grosser Ehrfurcht und Bewunderung von ihm geschwärmt. Er musste etwas ganz Besonderes sein. Fiorina erzählte ihm ihre Geschichte, wie sie in dieses Gebiet gelangt sei und wohin sie wolle. Mimmo schaute sie mit seinen sanften Honigaugen an und hörte interessiert zu. Dann meinte er, dass es besser sei, nicht sofort das *Weisse Tal* zu überqueren und zur *Grünen Spitze* aufzusteigen.

„Das kann man nur, wenn man dort geboren ist. Und wenn das nicht so ist, dann muss man zuerst viel lernen und in ungefährlicheren Gegenden üben und viele Erfahrungen sammeln. Einen Winter im Hochgebirge zu überstehen, ist nicht einfach. Das geht in jungen Jahren nur in einer Herde mit einer erfahrenen Führerin. Ich werde dich ein Stück begleiten und dir ein schönes, geschütztes Seitental zeigen. Dort wirst du alles finden, was du brauchst. Übernachte für heute unter dem Felsvorsprung hinter dir und sei ganz ruhig. Morgen bin ich wieder da." Und weg war er. So wie er gekommen war, so war er verschwunden. Lautlos. Fiorina war tief beeindruckt und jetzt ganz ruhig. Sie legte sich unter den Felsvorsprung und fühlte sich geborgen. Alle Aufregung und Erschöpfung waren von ihr genommen, und sie sank sofort in einen tiefen Schlaf.

Frühmorgens war sie schon hellwach und hielt Ausschau nach ihrem schönen Bergführer, der sie abholen und an den richtigen Platz bringen würde. Und wie sie es schon am Vortag erlebt hatte, stand er einfach plötzlich vor ihr und schaute sie liebevoll an. Dann schritt Mimmo voraus, und Fiorina folgte ihm. Jetzt konnte sie ihn genau betrachten. Wie gross und stark er war! Doppelt so gross wie sie, und trotzdem übersprang er leichtfüssig die grossen Felsklötze. Manchmal rannte er wie ein Teufel über die Weiden. Und seine Hörner! Die waren fast so gross wie die ganze Fiorina! Sie sprang hinter ihm her. Ab und zu hielt er an, drehte sich um und schaute sie mit seinen Honigaugen an. Dabei wurde Fiorina immer ganz warm ums Herz. Endlich kamen sie zum erwähnten Seitental, in dem ein Bergbach als gewaltiger Wasserfall vor ihnen in die Tiefe stürzte. „Nun pass' gut auf, meine Liebe", sagte Mimmo und führte Fiorina durch einen Felsspalt in eine gigantische Höhle. Nie und nimmer hätte sie in einem Felsen ein solches Gewölbe vermutet. Ein Lichtstrahl fiel von oben auf sie herab, als sie andächtig und staunend in dieser Halle standen. Darin hätten alle Tiere aus

dem Tierpark Platz gefunden. „Hier kannst du gefahrlos übernachten, ich komme morgen wieder. Schlaf gut!" So verabschiedete sich Mimmo ganz unerwartet - und weg war er. Nun stand Fiorina ganz alleine in dieser riesigen Höhle und kam sich ganz verloren vor. Warum war Mimmo nicht bei ihr geblieben? Warum hatte er es immer so eilig wegzukommen? War es ihm vielleicht lästig, seine Zeit mit einer kleinen, unbedeutenden Gämse zu verplempern? Aber nein, beruhigte sie sich selber, er war ja den ganzen Tag mit ihr unterwegs gewesen und hatte ihr dieses einzigartige Versteck gezeigt. Und ‚meine Liebe' hatte er zu ihr gesagt! ‚Meine Liebe' flüsterte Fiorina vor sich hin und schlief glücklich ein.

Am nächsten Morgen wurde Fiorina von ihrem eigenen knurrenden Magen geweckt und wagte sich aus ihrem Versteck. Die Vögel zwitscherten schon, gleich würde die Sonne aufgehen. Sie schaute sich um, fand blühende Sträucher auf einer kleinen Wiese mit würzigem Gras. Sie getraute sich auch an den Bach heran - und wer trank dort vom köstlich frischen Wasser? „Guten Morgen Fiorina!" rief Mimmo vergnügt und strahlte über sein Samtgesicht. „Ich sehe, du bist eine kluge Gämse und findest dich schon gut zurecht. Heute schauen wir uns deine neue Heimat an. Es wird ein anstrengender, aber schöner Tag werden, und du wirst zufrieden sein!"

Sie stiegen eine Weile im Bachbett hoch und sprangen über die darin liegenden riesigen Steinklötze. Manchmal rauschte das Wasser weiss schäumend um die Felsen und Steine herum, dann wieder sammelte es sich in einer Mulde, als ob es sich ausruhen wollte und glänzte türkisfarben im Sonnenlicht. Dann gab es Stellen, wo viele kleine Rinnsale von den Seitenhängen wie weisse Fäden in den Bach hineinflossen, wo sie sich mit einer Welle vereinten, um sich mit ihr in die Tiefe zu stürzen. Das Wasser war in ständiger Bewegung, sprudelte, gurgelte und strömte zum Wasserfall und mit ihm ins Tal, wo es zum Überleben von Menschen und Tieren und zum Bewässern der Felder und Obstbäume gebraucht wurde. Manchmal wurde es durch Felsstücke eingeengt, dann wurde es zum tiefen, engen Fluss. Oder es musste sich einen Weg suchen, weil Baumstämme seinen Lauf bremsten. Und die vielen Geräusche, die es dabei von sich gab – wie aufregend war das alles!

Links und rechts vom Bach entfaltete sich eine für Fiorina völlig neue, bunte Welt. Das musste ein Urwald sein. Da gab es Moose und Farne, Büsche von Heidelbeeren und Preiselbeeren, Tannen und Fichten, die sich an Steinbrocken festhielten - oder hielten sich die Steine an den Bäumen fest? An ihren Ästen hingen Flechten wie Bärte herab, und dann gab es noch viele Bäume mit Beeren, Dolden und anderen kleinen Früchten und Zäpfchen. Das alles hatte Fiorina bisher noch nie gesehen. Der ganze Boden war üppig grün bedeckt mit Moos und verschiedenen Gräsern, an denen viele Tautröpfchen bunt in der Sonne schimmerten wie winzige Seifenbläschen. Und Mimmo wurde nicht müde, ihr alles mit Namen zu benennen und ihr zu erklären, was sie essen könne und was besser nicht. Er zählte ihr die vielen Gefahren auf, die es auch in diesem Paradies geben konnte. „Laufe nie im Wasser, es kann plötzlich anschwellen und dich mitreissen. Das Wasser ist stärker als alle Lebewesen. Nur Steinböcke und Gämsen können über die Steine und Felsbrocken im Bach springen. Für die anderen Tiere ist auch das viel zu gefährlich, und für die Menschen allemal."

Jetzt waren sie an der Baumgrenze angekommen und traten aus dem Wald heraus. Vor ihnen öffnete sich eine weite grüne Weidefläche mit Büschen und Sträuchern. Der Bach war hier oben noch ein schmales, harmloses Wässerchen, das sich munter gurgelnd durch die riesige Wiese schlängelte. „Wie schön ist das hier", rief Fiorina aus und rannte mit wilden Sprüngen davon. Mimmo schaute ihr vergnügt zu. Wann würde sie die Geröllhalden, die Gletscherreste und die Felsspitzen über sich bemerken? Er war richtig gespannt. Eine Wolke zog über die Sonne, es wurde kurz schattig. Fiorina hielt inne in ihrem wilden Tanz, schaute zum Himmel nach der verhüllten Sonne und blieb wie erstarrt stehen. Sie traute ihren Augen kaum. Das sah hier beinahe so aus wie an der *Grünen Spitze*, vielleicht etwas weniger steil und sicher weniger gefährlich. Sie

schaute sich weiter um: Da gab es ja noch viel mehr! Am Ende der Alm ein weiterer Aufstieg zu anderen felsigen Höhen, über die gerade einige Wolken zogen und düster ausschauten. Auf der rechten Seite erhob sich ein gewaltiges, rundes Felsmassiv.

„Mimmo, Mimmo, komm' und schau dir das alles an!" Mimmo sprang zu ihr hin und freute sich mit ihr. „Zufrieden?" „Lieber, lieber Mimmo, hier will ich bleiben!"
Und Fiorina blieb – und Mimmo ging, denn er hatte sehr viel zu tun. Sie war nicht die einzige Gämse, die seine Hilfe brauchte. Fiorina sah das ein und wollte auch dankbar und vernünftig sein, aber sie war doch oft sehr traurig. Er würde wiederkommen, sie müsse Geduld haben, hatte Mimmo gesagt und ihr erklärt, dass viele Tiere im *Weissen Tal* und noch darüber hinaus seine Hilfe und Ratschläge brauchten. Die Menschen drängten immer weiter vor in die Welt der Tiere. Für sie würde der Platz immer kleiner, und das gäbe noch nie da gewesene Probleme. Viele Menschen würden den Tieren auch helfen und sie retten, wie zum Beispiel ihre liebe Mama. Aber was passiere dann mit den Kindern wie Fiorina, die in einem Naturpark geboren worden waren? Sollten die ihr ganzes Leben eingesperrt bleiben?

Was ein Glück für Fiorina, dass ihr Mimmo begegnet war! Ohne ihn hätte sie niemals dieses wunderschöne Gebiet gefunden, das jetzt ihr neues Zuhause war. Es gab auch viel zu tun für sie: Sie musste es genau kennen lernen und sich darin zurechtfinden können wie im kleinen Naturpark. Und sie musste eine Herde finden, bevor der Schnee die Bergwelt weiss verhüllte.

Über der Geröllhalde unter einem Felsvorsprung hatte sie einen Unterschlupf gefunden. Dort war sie vor Regen und Schnee geschützt, kein Blitz würde sie treffen, und sie konnte das ganze Gebiet überblicken. Und sie konnte hören, wenn die Murmeltiere pfiffen und Gefahr ankündigten. Es kamen manchmal auch Menschen zu einer Hütte, aber die taten ihr nichts. Die wollten dort nur essen und übernachten, um am anderen Morgen ganz früh einen bestimmten Gipfel zu besteigen.

Jeden Abend ging Fiorina zu ihrer Höhle zurück. Sie war glücklich über ihr schönes Häuschen. Mit jedem neuen Tag wurde sie etwas mutiger und ging weiter und höher als am Vortag. Immer entdeckte sie Neues. Zuoberst auf den Spitzen der Berge konnte sie ganz weit und rundherum schauen. Manchmal setzte sie sich hin und dachte an Mimmo. Sie hatte alles behalten, was er ihr beigebracht hatte, kein Wort hatte sie vergessen. Sie erkannte auch alle Pflanzen, die er ihr gezeigt hatte. Inzwischen war die grosse Alm zu einem bunten Teppich geworden, überall blühten Blumen in gelb, blau und rot. Viele Menschen kamen und pflückten Heidelbeeren und Himbeeren.

Eines Tages fühlte sich Fiorina so mutig und stark, um hoch oben den Kamm zu überqueren. Das war ein schmales Felsstück, und auf beiden Seiten fiel der Felsen senkrecht hinunter. Fiorina war neugierig, was sie von dort aus sehen könnte. Den ganzen Sommer über war sie jeden Tag in den Bergen herumgerannt, war rauf- und runtergestiegen und hatte davon ganz starke Beine bekommen. Sie fühlte sich wendig und leicht, ihre Sprünge waren mit jedem Tag höher geworden. Wenn doch Mimmo sie sehen könnte! Immer, wenn sie an ihn dachte, fühlte sie sich stärker und sicherer, grad so, als ob er mit ihr gehen würde. Und jetzt dachte sie ganz fest an ihn, stieg auf und

überquerte den Kamm! Ja sie blieb sogar mitten auf dem Grat stehen und schaute über die Bergwelt in den weiten blauen Himmel - und was glitzerte und funkelte weit hinten? Es war der *Weisse Berg!* Ihr grosser *Weisser Berg!* Und als sie ihn von Neuem staunend bewunderte - so als ob sie ihn zum ersten Mal sähe - da wusste sie, dass genau in diesem Augenblick auch die Mama den *Weissen Berg* anschaute und an sie, ihre Fiorina, dachte. Ein Gefühl grosser Dankbarkeit und Zärtlichkeit durchflutete ihr Herz - ein wunderbares Gefühl!

Was ein Tag! Und abends, als Fiorina wohlbehalten zu ihrer Höhle zurückgekehrt war und sich zur Nachtruhe niederlegte, wusste sie: Jetzt bin ich erwachsen!

Der Sommer neigte sich dem Ende zu, ein goldener Herbst folgte. Noch einmal kamen viele Wanderer, Beeren- und Pilzesammler, aber die stiegen nicht hoch in ihre Nähe. Gefährlich werden würde es erst später, wenn die Jäger kämen. Auch das hatte ihr Mimmo gesagt. Die Murmeltiere seien dann schon in ihren Höhlen zum Winterschlaf verschwunden und könnten Fiorina nicht mehr warnen. Sie müsse dann ganz ohne Hilfe selber auf sich aufpassen. Er hatte ihr auch gesagt, dass sie vor dem Wintereinbruch eine Gämsenherde finden müsse, und dass es höchste Zeit dafür sei, sobald ihr Fell dunkel würde.

Die Tage waren bereits kürzer und kälter, die Nächte manchmal schon frostig. Fiorinas Fell war dicker und fast schwarz geworden, und sie war immer noch allein. Die Zeit wurde ihr lang, denn sie konnte nicht mehr den ganzen Tag herumtollen. Sie musste ihre Kräfte sparen für den Winter und durfte ihre Fettpolster nicht verlieren.
Und so hielt sie sich oft in der Nähe der Höhle auf, ruhte und träumte vor sich hin.
An einem sonnigen Morgen hielt sie nichts mehr in ihrem Zuhause. Sie wollte noch einmal zu der Stelle aufsteigen, von wo aus sie den *Weissen Berg* gesehen hatte. Bald würde viel Schnee fallen und der Weg dahin zu beschwerlich und zu gefährlich sein. Fiorina stieg auf im wärmenden Sonnenlicht. Ganz unerwartet verdüsterte sich der Himmel und dicke Nebelschwaden hüllten in wenigen Minuten alles ein. Innerhalb kürzester Frist sah Fiorina keinen einzigen Berg mehr. Auch um sich herum nur grau-

weisse Wände, sie konnte nicht einmal mehr ihre eigenen Füsse sehen. Sie machte ein paar Schritte, aber sie fühlte sich dabei unsicher. Ging sie rauf oder runter? Sie spürte, dass es jetzt gefährlich war, weiterzugehen. Sie war im Nebel wie blind, da halfen ihr die Kletterkünste nicht viel. Unaufhörlich zogen die dicken, feuchten und kalten Schwaden wie durch sie hindurch. Es war schrecklich! Fiorina wusste nicht, wie lange sie schon regungslos dastand und wartete. Irgendwann musste es doch aufhören und wieder hell werden. Aber es hörte nicht auf, und es wurde nicht hell.

Um nicht zu verzagen, musste sie etwas tun. Sie überlegte sich, was Mimmo ihr jetzt raten würde. Wenn sie vorsichtig einen Fuss vor den anderen setzte, dürfte eigentlich nichts passieren. Unter ihren Hufen spürte sie ja ganz genau, auf welchem Boden sie stand.

‚Du schaffst es', hatte ihr die Mama beim Abschied gesagt. Und Mimmo hatte sie eine kluge Gämse genannt. Mama und Mimmo waren ihre Begleiter und Beschützer. Auch wenn sie nicht bei ihr waren, so waren sie doch beide in ihrem Herzen. Und mit jedem Schritt sagte sie die Worte ‚du bist eine kluge Gämse - du schaffst es' vor sich hin. Das gab ihr Kraft und Zuversicht.

Und wie sie sich mit kleinen, zaghaften Schrittchen mutig vorwärts tastete, wurde der Nebel plötzlich weisser und dünner. Die noch eben undurchdringliche Wand löste sich in einzelne Fetzen auf, die an ihr vorbeiflogen. Vor ihren Augen öffnete sich ein grosses Loch, durch das der blaue Himmel leuchtete. Und in diesem blauen Loch - Fiorina konnte es fast nicht glauben - stand eine Gruppe Gämsen.

Es war wie ein Wunder. Andächtig und staunend blieb Fiorina stehen und murmelte „danke Mama, danke Mimmo". Dann stürmte sie auf ihre zukünftige Familie zu. Den Winter musste sie jetzt nicht mehr fürchten, denn nun war sie am richtigen Platz!

ENDE